PETIT MANUEL
D'INTRODUCTION
À LA
TRANSCRIPTION
PHONÉTIQUE

(Deuxième édition corrigée)

◆

ALINE GERMAIN-RUTHERFORD
Trent University, Ontario, Canada
Middlebury College, Vermont, USA

Petit manuel d'introduction à la transcription phonétique
deuxième édition corrigée
Aline Germain-Rutherford

First published in 1998 by
Canadian Scholars' Press Inc.
180 Bloor Street West, Suite 801
Toronto, Ontario   M5S 2V6

We acknowledge the financial support of the Government of Canada
through the Book Publishing Industry Development Programme
for our publishing activities.

Données de catalogage avant publication (Canada)

Germain-Rutherford, Aline, 1956 –
        Petit manuel d'introduction à la transcription
phonétique

2e éd. corr.
Comprend des réf. bibliogr.
ISBN 1-55130-097-4

1. Français (Langue) — Transcriptions phonétiques.
2. Français (Langue) — Transcriptions phonétiques —
Problèmes et exercices. I. Titre.

PC2135.G47 1998   441`.5   C97-931370-8

Cover design by Brad Horning

Table des matières

I. Introduction

Le but de ce petit "Manuel d'introduction" n'est certes pas de former des experts en transcription phonétique ni de viser une précision rigoureuse dans la transcription de la parole entendue. Il n'a qu'un objectif pédagogique précis: fournir un outil supplémentaire pour faciliter l'apprentissage de la langue orale.

En effet, les correspondances entre le système graphique et le système phonique du français, mais aussi de nombreuses langues, sont loin d'être parfaites. Ainsi, la voyelle nasale /ɛ̃/ correspond à une diversité de graphèmes différents:

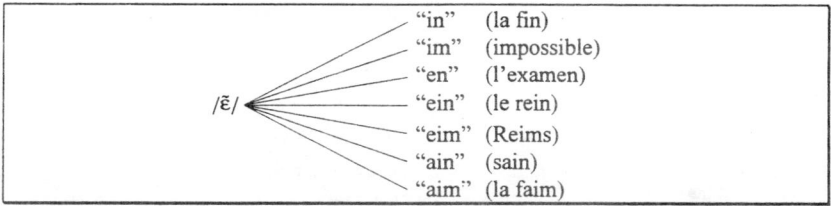

Devant un tel divorce entre la graphie et le son, on comprend aisément les difficultés de l'étudiant apprenant une langue étrangère. L'utilisation de l'alphabet phonétique international (l'API) permet de "visualiser" la parole et de mieux dégager les structures phoniques d'une langue donnée pour en faciliter l'acquisition.

Pour la petite histoire, ce fut Melville Bell, le père de l'inventeur du téléphone qui proposa pour la première fois un alphabet phonétique international en 1867. Ainsi, pour transcrire les sons contenus dans l'expression "visible speech", M. Bell écrivait : ꓱ ꓩ ꒦ ꒐ꓭꟼꓵꓳꓓ ꓴꓥ.

Quelques années plus tard, en 1886, Henri Sweet présentait à la toute nouvelle Association Phonétique Internationale un alphabet phonétique plus simple et qui fut tout de suite adopté*. La majorité des linguistes et phonéticiens d'aujourd'hui utilisent encore ce même alphabet pour retranscrire sur papier les sons des langues parlées à travers le monde et pour formuler ainsi des hypothèses sur le fonctionnement de ces langues.

---

* G. Faure, A. Di Cristo, 1973, Phonétique Générale et Descriptive du Français, Ann Arbor, Michigan.

II. L'Alphabet
Phonétique International

Les voyelles françaises

/i/	comme dans les mots	: ici, mythique, île
/e/		: été, mes, léger
/ɛ/		: faire, père, belle
/y/		: tu, puce, aigüe
/ø/		: peu, jeûne, heureux
/œ/		: peur, soeur, seul
/ə/		: je, petit, le
* /a/		: salle, bavarde, plage
* /ɑ/		: pâte, las, âme
/u/		: pour, fou, boule
/o/		: beau, mot, chose
/ɔ/		: bol, vole, poche
* /ɛ̃/		: fin, main, plein
* /œ̃/		: un, lundi, parfum
/ɑ̃/		: enfant, gens, paon
/ɔ̃/		: bon, son, monde

(* cf. les remarques p.3 et 4)

Les consonnes françaises

/p/	comme dans les mots	: parapluie, pousser, peau
/b/		: bien, bébé, bateau
/t/		: tisser, attendre, tôt
/d/		: danse, dodo, idéal
/k/		: qui, cou, kiwi
/g/		: gare, gris, goût
/f/		: fou, phare, parfait
/v/		: vivre, vallée, veuve
/s/		: sens, cette, assis
/z/		: zéro, désert, bizarre

/ʃ/	: chercher, chic, chose
/ʒ/	: joli, manger, jouer
/m/	: maman, mal, mon
/n/	: non, nez, dîner
/ɲ/	: montagne, vigne, agneau
/ʀ/	: rare, partir, gros
/l/	: lilas, malle, alto

Les semi-consonnes

/j/	comme dans	: fille, bien, bouteille
/ɥ/		: lui, tuer, puissant
/w/		: loi, oui, moins

Remarques:

Il est évident qu'il n'existe pas, pour chaque langue, une façon de parler, mais que chacun, selon sa région, son appartenance sociale, son âge, sa personnalité, ou même la situation de communication, présente des caractéristiques lexicales, morphosyntaxiques, mais aussi phonétiques particulières. Cependant, la transcription phonétique que nous visons dans ce manuel ne décrit en aucune façon la prononciation d'un individu en particulier, mais reflète plutôt un système "standard", uniformisé, ignorant pour des raisons pédagogiques toute distinction ou précision régionale, sociale ou autre.

Ainsi, que l'on ait tendance à dire au Québec, dans plusieurs provinces françaises et dans certains milieux parisiens la phrase "je ne sais pas" avec un /ɑ/ très postériorisé, alors que dans d'autres régions, comme dans le midi de la France, on prononce un /a/ plus antérieur, n'aura aucune importance dans le cadre de ce manuel. Le /a/ antérieur, beaucoup plus fréquent que le /ɑ/ postérieur* et présent chez tous les locuteurs francophones, nous servira de "norme pédagogique", pour reprendre le terme et la notion d'Albert Valdman (A. Valdman, 1993).

De même, nous savons que le système vocalique français possède deux voyelles nasales antérieures, l'une prononcée avec les lèvres écartées /ɛ̃/, et l'autre avec les lèvres arrondies /œ̃/. On remarque que la voyelle /ɛ̃/ correspond plus souvent aux graphies "in", "ain", "aim", "en" etc... alors que la voyelle /œ̃/ représente les graphies "un" ou "um", comme dans "lundi" ou "humble". Cependant cette différence dans l'articulation des voyelles a tendance à disparaître dans certaines régions au profit de la voyelle /ɛ̃/. De

---

* 2,4% de /ɑ/ comparé à 97,6% de /a/ dans le discours (P. Léon, 1992: 87)

plus, la voyelle /œ̃/ ne se retrouve que dans un nombre limité de mots courants (chacun, parfum, ...) et le nombre de paires minimales formées par l'opposition /œ̃/ vs. /ɛ̃/ est tout aussi limité: brun/ brin, emprunt/ empreinte. Nous ne retiendrons donc, dans ce manuel, que la voyelle /ɛ̃/ pour transcrire le son nasal antérieur. Ainsi, "un lundi matin incertain" se transcrira: /ɛ̃ l ɛ̃ d i m a t ɛ̃ ɛ̃ s ɛ ʀ t ɛ̃/.

III. Exercices d'initiation
à la transcription

A. LES CONSONNES

1. a. Survol théorique

Dans la plupart des cas, le symbole phonétique correspondant à un son consonantique ne diffère pas beaucoup des graphèmes auxquels nous sommes habitués. Ainsi, le symbole phonétique /b/ est identique au graphème "b" de "banc" ou de "bon". Il en est de même pour les symboles /d/ /f/ /l/ /m/ /n/ /p/ /s/ /t/ /v/ /z/.

Cependant, certains symboles peuvent paraître étranges à qui n'est pas familier avec l'API.

· **Le symbole phonétique /ʒ/:**

Il correspond au son consonantique des mots tels que:

jeune	mangeons	gilet
/ʒ/	/ʒ/	/ʒ/

Par contre, le symbole /g/ correspond au son consonantique des mots tels que:

gare	guichet	gong
/g/	/g/	/g//g/

Attention!

1. Le graphème " g" + "a, o, u" se prononce /g/

Exemples: gare goût guerre
/g/are /g/oût /g/uerre

2. Le graphème "g" + "é, e, i" se prononce /ʒ/

Exemples:

mangeons	gilet	germe	général
man/ʒ/ons	/ʒ/ilet	/ʒ/erme	/ʒ/énéral
garage	**bagage** (ces deux mots contiennent les sons /ʒ/ et /g/)		
/g/ara/ʒ/	ba/g/a/ʒ/		

3. Le graphème "x" dans les mots commençant par "ex-" + une voyelle ou un "h", et dans les mots commençant par "hexa-" se prononce /gz/

Exemples:

examen	exiger	exhiber	hexagone
e/gz/amen	e/gz/iger	e/gz/hiber	e/gz/agone

· **Le symbole phonétique /k/:**

Il correspond au son consonantique des mots tels que:

cartable	kiwi	qui	accrocher	publique
/k/	/k/	/k/	/k/	/k/

Attention!

Le graphème "x" + consonne, ou, à l'intérieur d'un mot la suite "voyelle + "x" + voyelle" se prononce /ks/.

Exemples: exprimer   excuser   taxi   vexer   boxer
         e/ks/primer e/ks//k/user ta/ks/i   ve/ks/er bo/ks/er

· **Le symbole phonétique /ʃ/:**
Il correspond au son consonantique des mots tels que:
    chemise   changer   schéma   schisme
    /ʃ/   /ʃ/   /ʃ/   /ʃ/

· **Le symbole phonétique /ɲ/:**
Il correspond au son consonantique des mots tels que:
    champagne   campagne   magnifique
    champa/ɲ/   campa/ɲ/   ma/ɲ/ifique

Attention!
Dans certains mots d'origine grecque ou dits "savants", les graphèmes "gn" se prononcent /gn/
Exemples: stagnation   diagnostique
         sta/gn/ation dia/gn/ostique

· **Le symbole phonétique /R/:**
Nous terminerons cette brève parenthèse théorique avec le symbole phonétique /R/. De nombreuses variantes articulatoires existent dans la prononciation de ce phonème. Certains vont le rouler (dans certaines provinces françaises ou dans la région de Montréal), d'autres vont le postérioriser (comme dans certains quartiers populaires de la région parisienne) ou encore le vocaliser (comme dans certains créoles francophones). Chacune de ces variantes peut être transcrite de façon très précise grâce à l'API: [r], [ʁ] ou [w]. Cependant, et pour respecter les objectifs décrits dans l'introduction, nous adopterons dans ce manuel la transcription du /R/ standard, prononcé avec un léger frottement du dos de la langue contre la luette. Ainsi les mots "terrible", "partir", "rouge", "grandir", etc... se transcriront tous avec le symbole /R/.

1. b. Exercices d'application

1°. Lisez à voix haute le passage suivant puis entourez tous les graphèmes représentant les sons /ʒ/, /g/, /k/ et /ʃ/, et transcrivez sous le mot le symbole phonétique correspondant.
Exemple: "Cin(q) de mes (c)ousins sont venus me (ch)er(ch)er."
         /k/   /k/   /ʃ/ /ʃ/

Le Petit Prince - A. de St. Exupéry (extraits)

◆ «Car je n'aime pas qu'on me lise à la légère. J'éprouve tant de chagrin à raconter ces

souvenirs.»

◆ «C'est donc pour ça encore que j'ai acheté une boîte de couleurs et des crayons.»

◆ «Je ne compris pas pourquoi il était si important que les moutons mangeassent les

arbustes. Mais le Petit Prince ajouta:

_ Par conséquent ils mangent aussi les baobabs?

_ C'est exact! Mais pourquoi veux-tu que tes moutons mangent les petits baobabs?

Il me répondit: "Ben! Voyons!" Comme s'il s'agissait là d'une évidence. Et il me fallut

un grand effort d'intelligence pour comprendre à moi seul ce problème.»

◆ «Je dis: "Enfants! Faites attention aux baobabs!" C'est pour avertir mes amis d'un

danger qu'ils frôlaient depuis longtemps, comme moi-même, sans le connaître, que j'ai

tant travaillé ce dessin-là.»

2°. Lisez à voix haute le texte suivant et à partir des symboles phonétiques, récrivez les mots en orthographe traditionnelle.

Exemple: "La mi/s/ion du /d/o/k/teur /ʃ/aput était terminée."

mission   docteur   Chaput

La vie d'un simple - E. Guillaumin *(extrait)*

◆ «/k/and tout fut /t/erminé, les /p/arents d'A/g/on/ʒ/ vin/ʀ/ dé/ʒ/euner /ʃ/ez nous.

On a/v/ait /f/ait quel/k/es /pʀ/éparatifs, a/ʃ/eté du /v/in et un mor/s/eau de viande

pou/ʀ/ la /s/oupe. Ma mère a/ʒ/outa une omele/t/. /l/e repas du/ʀ/a longtemps et,

ve/ʀ/ la fin, la /k/onver/s/a/s/ion s'anima. /ʒ/e /kʀ/ois même /k/e l'on/k/le Toinot

redit une fois de /p/lus dans quelles condi/s/ions il avait tué son Ru/s/. /s/ette réfle-

/ks/ion me vint /k/e tous les ra/s/emblements se te/ʀ/minaient à peu près de la

/m/ê/m/ manière. [...] Elle en vint même à /pʀ/endre une /s/ertaine fami/l/iarité

respe/kt/ueu/z/ ave/k/ les Boutry /k/i lui témoi/ɲ/aient de la bonté.»

3°. Ajoutez aux transcriptions suivantes les symboles phonétiques manquants.

◆ Dans les mots isolés

- la sensation	/. a . ɑ̃ . a . j ɔ̃ /
- la respiration	/. a . ɛ . . i . a . j ɔ̃/
- un garçon	/ɛ̃ . a . . ɔ̃/
- le garagiste	/. ə . a . a . i . . /
- les sciences naturelles	/. e . j ɑ̃ . . a . y . ɛ . /
- changeons	/. ɑ̃ . ɔ̃/
- apprivoiser	/a . . i . w a . e/
- partition	/. a . . i . j ɔ̃/
- française	/. . ɑ̃ . ɛ . /
- dessert	/. e . ɛ . /
- désert	/. e . ɛ . /
- dixième	/. i . j ɛ . /
- deux hirondelles	/. ø . i . ɔ̃ . ɛ . /
- quiconque	/. i . ɔ̃ . /
- le pyjama	/. ə . i . a . a /
- une figurante	/y . . i . y . ɑ̃ . /
- un rognon	/ɛ̃ . o . ɔ̃/
- magnifique	/. a . i . i . /
- un diagnostique	/ɛ̃ . j a . . ɔ . . i . /
- l'existence	/. ɛ . . i . . ɑ̃ . /
- exactement	/ɛ . . a . . ə . ɑ̃/
- extraordinaire	/ɛ . . . . a ɔ . . i . ɛ . /
- exquise	/ɛ . . . i . /

◆ Dans des groupes de mots ou des phrases courtes:

Attention! Le Français a l'habitude de lier et d'enchaîner les mots les uns aux autres, et bien souvent un locuteur étranger qui connaît mal la langue a l'impression, à l'écoute d'un locuteur francophone que celui-ci ne prononce qu'un seul mot immense. Il lui paraît alors presque impossible de distinguer les différents mots qui composent la phrase prononcée. Ainsi par exemple, la suite de mots suivante "Les enfants mangent à la cantine" se prononcera d'un seul trait, sans interruption de la voix, sans cassure de rythme:

Les enfants mangent à la cantine

/l e z ã f ã m ã ʒ a l a k ã t i n/

Le phénomène des liaisons et des enchaînements consonantiques vous est expliqué dans la partie suivante. Cependant, dans le prochain exercice, n'oubliez pas de transcrire la consonne enchaînante lorsqu'elle est indiquée par le signe ‿ pour une liaison ou le signe __ pour un enchaînement consonantique.

Exemples: un grand enfant   deux amis   avec Anna   mon grand ami

/ɛ̃gʀɑ̃tɑ̃fɑ̃/   /døzami/   /avɛkana/   /mɔ̃gʀɑ̃tami/

Notez que les graphèmes "x" et "s" dans une liaison se prononcent /z/ et que le graphème "d" dans une liaison se prononce /t/.

- Elle arrive à Québec

/ɛ . a . i . a . e . ɛ . /

- Le frère de Roger

/. ə . . ɛ . . ə *. o . e/

N.B. Les noms propres en transcription phonétique sont précédés d'un astérisque: /*ʀoʒe/

- Ça vous a plu?

/. a . u . a . . y /

- Un homme très honnête

/ɛ̃ . ɔ . . . ɛ . o . ɛ . /

- Le quatre avril prochain

/. ə . a . . a . . i . . . o . ɛ̃ /

◆ Dans des phrases plus longues:

Attention! Il n'est souvent pas possible de prononcer une phrase entière dans un seul groupe de souffle, ou sur une même intonation monocorde. Lorsqu'un étranger écoute parler un francophone, il remarque chez lui certaines cassures de rythme ou des changements dans l'intonation. Ces cassures ou changements signalent des frontières de groupes de mots que l'on appelle en phonétique "groupes rythmiques". Ainsi, lorsqu'un francophone dit:

"Hier, le frère de Roger a rapporté d'Italie des chaussures de très bonne qualité."

on peut distinguer, grâce à l'intonation ou des pauses de voix éventuelles, cinq groupes rythmiques:

"Hier, / le frère de Roger / a rapporté d'Italie / des chaussures / de très bonne qualité.//

Ce découpage en groupes rythmiques n'est pas, bien sûr, le seul possible, puisque si nous parlons plus vite nous avons tendance à réduire les pauses et les changements intonatifs, et si au contraire nous mettons beaucoup d'expressivité dans notre discours, les changements rythmiques et intonatifs sont beaucoup plus nombreux.

Vous avez sans doute remarqué aussi que les groupes rythmiques correspondent bien souvent à une unité syntaxique ou une unité de sens. Bien que le système intonatif en français soit indépendant du système syntaxique, cette similarité dans le découpage peut certainement vous aider à repérer les différents groupes rythmiques de la phrase française. Pour traduire ces frontières, nous laisserons un espace entre les groupes dans les transcriptions phonétiques. Ainsi, la phrase suivante se transcrira:

"Hier, le frère de Roger a rapporté d'Italie des chaussures de très bonne qualité."

/jɛʀ ləfʀɛʀdə*ʀoʒe aʀapɔʀted*itali deʃosyʀ dətʀɛbɔnkalite /

◆ Complétez la transcription du texte suivant. Ne mettez rien dans les espaces indiquant les frontières de groupes rythmiques. Les doubles barres indiquent une fin de phrase.

> «C'était le printemps. À l'horizon le soleil se couchait et les champs de canne
> à sucre rougeoyaient à l'approche de la nuit. Nous étions le six et je partais dans
> dix jours. J'avais obtenu du gouvernement une bourse pour aller étudier la
> psychologie à Paris. Il me fallait donc quitter la Guadeloupe pour m'installer dans
> cette grande ville intimidante et, selon certains, inhumaine.»

```
/. e . ɛ . ə . . ɛ̃ . ɑ̃ // a . o . i . ɔ̃   . ə . o . ɛ j . ə . u . ɛ
e . e . ɑ̃ . ə . a . a . y . .   . u . w a j ɛ    a . a . . ɔ .
. ə . a . ɥ i // . u . e . j ɔ̃ . ə . i .   e . ə . a . . ɛ
. ɑ̃ . i . u . // . a . ɛ . ɔ . . ə . y   . y . u . ɛ . . ə . ɑ̃   y . . u . .
. u . a . e e . y . j e   . a . . i . o . o . i   a * . a . i //
i . . ə . a . ɛ . ɔ̃ .   . i . e . a * . w a . . u .   . u . . ɛ̃ . . a . e
. ɑ̃ . ɛ . . . ɑ̃ . . i . ɛ̃ . i . i . ɑ̃ .   e   . ə . ɔ̃ . ɛ . . ɛ̃   i . y . ɛ . //
```

2. LES CONSONNES DE LIAISON ET LES ENCHAÎNEMENTS CONSONANTIQUES

2.a. Survol théorique

· Les enchaînements consonantiques

Définition: lorsqu'un mot se termine par une consonne prononcée et que le mot suivant commence par une voyelle, la consonne finale du premier mot devient initiale du mot suivant. On dit qu'elle s'enchaîne à la voyelle du mot suivant pour former une syllabe.

Exemple: " Il arrive" ↦ /i la ʀiv /

En français, l'enchaînement consonantique est toujours prononcé. De plus, la consonne enchaînante garde toutes ses caractéristiques.

Exemples: "Une gran**de a**mie"   "Un fil**s in**grat"

/yn gʀɑ̃ da mi /   /ɛ̃ fi sɛ̃ gʀa /

Seule la consonne enchaînante /f/ change de nature et se prononce /v/ dans 2 cas: "neu**f heu**res" /nœ vœʀ/ et "neu**f ans**" /nœ vɑ̃/

· **Les liaisons**

Définition: lorsqu'un mot se termine   par une consonne écrite mais normalement non prononcée, celle-ci peut se lier à la voyelle initiale du mot   suivant pour former une syllabe.

Exemple: "petit" ↦ / pəti / : le "t" final n'est pas prononcé

"Un petit enfant" ↦ /ɛ̃ pə ti tɑ̃ fɑ̃/ : le "t" final de "petit" s'est lié à la

voyelle initiale du mot suivant pour former la syllabe /tɑ̃/

Dans une liaison, la consonne liée peut changer de nature. Ainsi, "s" et "x" deviennent /z/ et "d" devient /t/.

Exemples: "les amis"   "deux amis"   "un grand ami"

/le za mi/   /dø za mi/   /ɛ̃ gʀɑ̃ ta mi/

La présence ou l'absence d'une consonne de liaison entre deux mots est la survivance de l'ancien français où toutes les consonnes finales se prononçaient. À partir du XIIIième siècle, les consonnes finales ont commencé à ne plus être prononcées, et aujourd'hui la grande majorité de ces consonnes sont muettes ("le banc", "la forêt", " la souris", etc.). Pourtant certaines sont encore prononcées pour éviter le regroupement de deux voyelles ("nos amis" ↦ /no-z-ami/) et marquer la relation syntaxique très étroite qui existe entre ces deux mots en contact.

Par exemple, la relation étroite qui existe entre un nom et son déterminant est indiquée par la présence d'une liaison:

"des amis" ↦ /dezami/.

On pourra dire la même chose du lien qui existe entre un verbe et son pronom sujet:

"nous arrivons" ↦ /nuzaʀivɔ̃/.

Par contre, la conjonction "et" n'est pas plus liée au premier groupe qu'au deuxième groupe de mots qu'elle coordonne. Il n'y a donc pas de liaison:

"Nous parlons # et # il écoute" ↦ /nupaʀlɔ̃   eilekut/.

Ce degré d'union entre deux mots en contact permet de déterminer si une liaison est "obligatoire" ou "interdite".

Ainsi, une liaison sera **obligatoirement** prononcée:

1. entre un déterminant et le mot qu'il détermine: "les amis", "quels amis", "ces amis", "les uns et les autres", "de bons amis"

2. entre un verbe et ses pronoms sujet et objet: "ils‿ont", "les‿ont-ils", "nous‿en‿avons"

3. avec les adverbes, prépositions et conjonctions monosyllabiques: "en‿avion", "très‿intéressant", "quand‿elle parle"

4. avec le verbe auxiliaire *être* (quoiqu'il s'agisse là d'une liaison très fréquente plutôt qu'obligatoire): "il est‿ici", "ils sont‿arrivés"

5. entre les mots constituant certaines expressions figées: "tout‿à l'heure", "Quand-est-ce que", tout‿à coup", "de temps‿en temps", "un sous-entendu", etc.

Une liaison sera **interdite**:
- à la frontière de deux groupes rythmiques et syntaxiques importants. Dans cette logique, la liaison **ne se prononce pas** entre, par exemple:

1. un groupe nominal et un groupe verbal: "les enfants # écoutent"

2. un nom et un adjectif postposé: "un étudiant # américain"

3. après les noms propres: "Jean # est parti"

4. avec les conjonctions "et" et "ou": "du pain # et # un bon fromage", "du pain # ou un croissant"

5. après les adverbes interrogatifs: "Quand # est-il arrivé?", "Combien # en as-tu?

6. après les pronoms personnels sujet dans une inversion: "vont-ils # arriver?"

7. avec les mots commençant par un "h" aspiré: "un # héro", "en # haut"

8. dans certains groupes figés: "nez # à nez", "riz # au lait", "mort # ou vif"

Il faut enfin remarquer que dans de nombreux cas la liaison apparaît comme **facultative**, et que le débit, le niveau de langue, la situation de communication ou l'interlocuteur sont des facteurs importants dans la décision de prononcer ou non la liaison. En effet, plus on se trouve dans une situation familière, informelle, moins on prononce les liaisons facultatives.

Exemples: "Je vais écouter" ↦ /ʒvɛzekute/ ou /ʒveekute/

"Il n'est pas ici" ↦ /ilnɛpazisi/ ou /ilnɛpaisi/

2.b. Exercices d'application

1° Lisez les phrases suivantes à voix haute puis complétez les transcriptions en ajoutant la consonne de liaison ou la consonne enchaînante.

Exemple: "Il voyage en avion"

/ilvwajaʒɑ̃navjɔ̃/

◆ Parmi les collections du Musée, on y trouve des exemples d'animaux disparus, des

/ɔ̃ . i t ʀ u v d e . ɛ g z ɑ̃ p l/

fossiles des plus anciens vertébrés connus et une importante collection d'antiquités

/d e p l y . ɑ̃ s j ɛ̃/   /y . ɛ̃ p ɔ ʀ t ɑ̃ t/

egyptiennes.

◆ Vivez une grande aventure écologique en plein coeur de Montréal: le Biodôme

/g ʀ ɑ̃ . a v ɑ̃ t y . e k o l o ʒ i . ɑ̃ p l ɛ̃ k œ ʀ/

de Montréal rend hommage à la planète Terre! Musée de l'environnement au

/o m a . a l a p l a n ɛ t t ɛ ʀ/

concept inédit, le Biodôme ouvrira ses portes en juin 1992.

/k ɔ̃ s ɛ p . i n e d i l ə b j o d o . u v ʀ i ʀ a s e p ɔ ʀ . ɑ̃/

2° Lisez les phrases suivantes à voix haute. Indiquez si les phrases sont prononcées avec des liaisons (⌣) et/ou des enchaînements consonantiques (___). Marquez toutes les liaisons obligatoires et ne marquez aucune liaison interdite ou facultative. Transcrivez ensuite la syllabe formée par la consonne de liaison ou la consonne enchaînante et la voyelle qui suit.

Exemple: "Ils ont mal à la tête"

/zɔ̃/   /la/

◆ Pauline est à la plage.

◆ L'hiver est bel et bien fini.

◆ Une agence de la Francophonie s'installe au Viêt-Nam.

◆ L'information à outrance risque-t-elle de piéger à notre insue nos vies privées?

◆ La conférence à Genève nous a fait réaliser à quel point il est urgent d'agir.

◆ Multilingual Plus, la plus importante agence de placement pour personnel

multilingue de Toronto, vous aidera à trouver les meilleurs candidats! Que vous recherchiez du personnel permanent ou temporaire parlant anglais,

français, espagnol, ou autre, nos spécialistes vous aideront à trouver la

personne idéale que vous recherchez, et à sélectionner celle qui répond le

mieux aux besoins de votre entreprise!

B. LES SEMI-CONSONNES

1.a. Survol théorique

Le français possède trois sons particuliers, qui par leurs caractéristiques articulatoires et accoustiques, mais aussi par leur distribution, se situent à la frontière des sons consonantiques et des sons vocaliques du français. On les appelle donc des semi-consonnes (ou semi-voyelle) et on les note phonétiquement: / j /, / ɥ/ et /w/.

Le point commun entre une consonne à part entière et une semi-consonne se situe au niveau de la syllabe. En effet, tout comme une consonne, la semi-consonne ne peut former le noyau d'une syllabe; elle a besoin du support d'une voyelle pour compléter la syllabe. Ainsi, le mot "oui" ne contient qu'une seule syllabe composée de la semi-consonne /w/ et de la voyelle /i/: "oui" ↦ /wi/ (1 syllabe = semi-consonne + voyelle).

· Distribution des structures syllabiques du français

Les structures syllabiques, classées selon leur fréquence d'occurence (Wioland, 1991), sont les suivantes (notons que Wioland ne différencie pas, dans sa notation, les consonnes des semi-consonnes, toutes les deux notées "C". Nous apportons cette distinction dans nos exemples en indiquant les semi-consonnes par la lettre S):

- CV (55,5%)	"bureau" ↦ /by - ʀo/ CV CV	"billet" ↦ /bi - jɛ/ CV SV
- CCV (14%)	"approcher" ↦ /a - pʀo - ʃe/ CCV	"voiture" ↦ /vwa - tyʀ/ CSV
- CVC (13,5%)	"partir" ↦ /paʀ - tiʀ/ CVC CVC	"fillette" ↦ /fi - jɛt/ SVC
- V (10%)	"ami" ↦ /a - mi/ V	
- CCVC (2,5%)	"proche" ↦ /pʀɔʃ/ CCVC	"voile" ↦ /vwal/ CSVC
- CVCC (1,5%)	"parc" ↦ /paʀk/ CVCC	"ouest" ↦ /wɛst/ SVCC

- VC (1,3%)	"accéder" ↦ /ak - se - de/	"ail" ↦ /aj/
	VC	VS
- CCCV (1%)	"extra" ↦ /ɛk - stʀa/	"croix" ↦ /kʀwa/
	CCCV	CCSV
- CCVCC (0,3%)	"plâtre" ↦ /platʀ/	"sieste" ↦ /sjɛst/
	CCVCC	CSVCC
- CCCVC (0,2%)	"spleen" ↦ /splin/	"croire" ↦ /kʀwaʀ/
	CCCVC	CCSVC
- VCC (0,1%)	"apte" ↦ /apt/	
	VCC	

- d'autres structures syllabiques très rares en français (0,1%) comme
CCCVCC ("strict" ↦ /stʀikt/) ou CVCCCC ("dextre" ↦ /dɛkstʀ/).

· **La semi-consonne / j /**

Cette semi-consonne correspond aux graphies "i" et "y" dans des contextes particuliers:
1. "i" + Voyelle dans la même syllabe

Exemples: "lumière" ↦ /ly - mjɛʀ/   "bien" ↦ /bjɛ̃/

"nous serions" ↦ /nu - sə - ʀjɔ̃/

2. "y" + Voyelle dans la même syllabe

Exemples: "**yoyo**" ↦ /jo - jo/   "voyager" ↦ /vwa - ja - ʒe/

"il **y a**" ↦ /i - lja/   "bruyamment" ↦ /bʀɥi - ja -mã/

3. Voyelle + "-il" en final ou Voyelle + "-ill-" + Voyelle

Exemples: "tra**vail**" ↦/tʀavaj/   "abeille" ↦ /abɛj/

"**feuille**" ↦ /fœj/   "cueillir" ↦ /køjiʀ/

Mais: Consonne + "-il" en final = /il/

Exemples: "pue**ril**" ↦ /pɥeʀil/   "exil" ↦ /ɛgzil/

"**fil**" ↦ /fil/

NB. Pour certains mots, le "-l" à la fin est muet

Exemples: "fusil" ↦ /fyzi/   "gentil" ↦ /ʒãti/

"outil" ↦/uti/

Par contre: Consonne + "-ille" en final se prononce le plus souvent /ij/:

Exemples: "**fille**" ↦ /fij/   "chenille" ↦ /ʃənij/

"pastille' ↦ /pastij/

à l'exception de certains mots et de leurs dérivés:

Exemples: "ville" ↦ /vil/   "tranquille" ↦ /tʀãkil/

"mille" ↦ /mil/

4. Consonne + "r" ou "l" + "i" + Voyelle, un francophone prononce dans ce cas deux syllables, et la deuxième commence avec la semi-consonne /j/.

Exemples: "**client**" ↦ /kli - jã/

                    1   2 syllables

        "appro**prier**" ↦ /a - pʀo - pʀi - je /

                    1   2   3   4 syllabes

La semi-consonne /ɥ/

Cette semi-consonne correspond à la graphie "u" dans des contextes particuliers:

1. "u" + Voyelle dans la même syllabe

Exemples: "**lui**" ↦ /lɥi/   "**nuageux**" ↦ /nɥa - ʒø/

            "éber**luer**" ↦ /e - bɛʀ - lɥe /

2. Consonne + "r" ou "l" + "u" + "i"

Exemples: "**fruité**" ↦ /fʀɥi - te/ "**pluie**" ↦ /plɥi/

3. Consonne + "r" ou "l" + "u" + Voyelle (autre que "i"), un francophone ne prononce pas dans ce cas la semi-consonne mais plutôt la voyelle /y/ et deux syllabes.

Exemples: "**cruelle**" ↦ /kʀy - ɛl/

                1   2 syllabes

        "**fluette**" ↦ /fly - ɛt/

                1   2 syllabes

· La semi-consonne /w/

Cette semi-consonne correspond à la graphie "ou" dans des contextes particuliers. Notons aussi que la graphie "oi" se prononce /wa/ comme dans "voiture" ↦ /vwatyʀ/ et que la graphie "oin" se prononce /wɛ̃/ comme dans "loin" ↦ /lwɛ̃/.

1. "ou" + voyelle dans la même syllabe

Exemples: "**louer**" ↦ /lwe/   "**jouons**" ↦ /ʒwɔ̃/   "**fouine**" ↦ /fwin/

2. Consonne + "r" ou "l" + "ou" + Voyelle, un francophone ne prononce pas la semi-consonne mais plutôt la voyelle /u/ et deux syllabes

Exemples: "**clouer**" ↦ /klu - e/

               1   2 syllabes

        "**trouer**" ↦ /tʀu - e/

               1   2 syllabes

N.B. Observez la différence entre: "elle troua sa robe"↦ /tʀu - a/ (2 syllabes) et le chiffre " trois" ↦ /tʀwa/ (1 syllabe)

2.b. Exercices d'application

1° Lisez à voix haute le texte suivant et complétez la transcription des mots soulignés en inscrivant les consonnes et les semi-consonnes correspondantes.

Exemple: "Elle <u>vient</u> d'acheter une <u>voiture</u>"
             /vjɛ̃/   /vwatyʀ/

Le petit Prince - A. de St. Exupéry (extraits)

◆ «_ <u>Adieu</u>, dit le renard. <u>Voici</u> mon secret. Il est très simple: on ne <u>voit</u> bien
  /a . . ø/   /. . a . i/   /. . a . . ɛ̃/
qu'avec le coeur. <u>L'essentiel</u> est invisible pour <u>les yeux</u>.
                  /. e . ɑ̃ . . ɛ ./   /. e . . ø/
_ <u>L'essentiel</u> est invisible pour <u>les yeux</u>, répéta le petit prince, afin de se souvenir. [...]
  /. e . ɑ̃ . . ɛ ./   /. e . . ø/
_ Les hommes ont <u>oublié</u> cette vérité, dit le renard. Mais tu ne <u>dois</u> pas <u>l'oublier</u>. Tu
                 /u . . i . e/   /. . a/ /. u . . i . e/
<u>deviens</u> responsable pour toujours de ce que <u>tu as apprivoisé</u>. <u>Tu es</u> responsable de ta rose
/. ə . . ɛ̃/   /. . a a . . i . . a . e//. . e/
_ Je <u>suis</u> responsable de ma rose ... répéta le petit prince, afin de se souvenir.»
     /. . i/

2° Complétez les transcriptions suivantes

◆ Opposition: voyelle vs. semi-consonne

faire	/. ɛ ./	fier	/. . ɛ ./
ils poussèrent	/i . p u . ɛ ./	la poussière	/. a . u . . ɛ ./
une île	/y . i ./	une huile	/y . . i ./
il pleut	/i . . . ø/	la pluie	/. a . . . i/
il va	/i . . a/	il voit	/i . . . a/
c'est long	/. ɛ . ɔ̃/	c'est loin	/. ɛ . . ɛ̃/
un écu	/ɛ̃ . e . y/	une écuelle	/y . e . . ɛ ./
un râle	/ɛ̃ . a ./	un rail	/ɛ̃ . a ./
la joue	/. a . u/	jouer	/. . e/
il est ému	/i . ɛ . e . y /	il est immuable	/i . ɛ . i . . a . ./

◆ Opposition: voyelle vs. semi-consonne vs. voyelle + voyelle

une rue /y . . y /	une ruelle /y . . . ɛ . /	cruelle /. . . ɛ . /
il loue /i . . u /	c'est loué /. ɛ . . e /	clouer /. . . e /
la roue /. a . u /	le rouet /. ə . . e /	la prouesse /. a . . . ɛ . /

◆ Les mots difficiles

un crayon /ɛ̃ . . e . ɔ̃ /   bruyant /. . . i . ɑ̃ /
la bruyère /. a . . . i . ɛ . /   effroyable /e . . . a . a . . /
essuyer /e . . i . e /   envoyer /ɑ̃ . . a . e /
ennuyé /ɑ̃ . . i . e /   un tuyau /ɛ̃ . . i . o /
un voyage /ɛ̃ . . a . a . /   une écuyère /y . e . . i . ɛ . /

3° Lisez à voix haute la transcription phonétique du petit poème suivant et récrivez-le en orthographe traditionnelle:

Le chat et le soleil - M. Carême

/ləʃauvʀilezjø   _____
ləsolɛjiɑ̃tʀa   _____
ləʃafɛʀmalezjø   _____
ləsolɛjiʀɛsta   _____

vwalapuʀkwaləswaʀ   _____
kɑ̃ləʃasəʀevɛj   _____
ʒapɛʀswadɑ̃lənwaʀ   _____
dømɔʀsodəsolɛj/   _____

C. LES VOYELLES

Le français possède 12 voyelles orales: /i, e, ɛ, a, y, ø, œ, ə, u, o, ɔ, ɑ/, et 4 voyelles nasales: /ɛ̃, œ̃, ɑ̃, ɔ̃/ (lire les remarques pp.3 et 4 pour la voyelle nasale /œ̃/). Les voyelles orales sont prononcées avec la luette relevée, fermant ainsi l'accès de la cavité nasale et ne permettant à l'air de ne sortir que par la bouche. Au contraire, la luette est abaissée lors de l'articulation des voyelles nasales et l'air est expiré à la fois par la bouche et par le nez.

1. Les voyelles nasales

1.a. Survol théorique

Il est parfois difficile pour un apprenant étranger de savoir si l'on prononce ou non une voyelle nasale avec certaines graphies. De façon générale, on peut dire que lorsqu'il y a dans le mot la suite:

1. voyelle + "n" ou "m" + consonne, on prononce une voyelle nasale
Exemples: "**entier**" ↦ /ɑ̃tje/   "**instable**" ↦ /ɛ̃stabl/
              "**temps**" ↦ /tɑ̃/   "**impossible**" ↦ /ɛ̃posibl/

2. voyelle + "n" ou "m" en finale, on prononce une voyelle nasale

Exemples: "**bon**" ↦ /bɔ̃/   "**train**" ↦ /tʀɛ̃/   "en**fin**" ↦ /ɑ̃fɛ̃/

3. voyelle + "n"(nn) ou "m"(mm) + une voyelle, on prononce une voyelle orale suivie d'une consonne nasale

Exemples: "**inu**tile" ↦ /inytil/ "**immu**nité" ↦ /imynite/

"**inno**cent" ↦ /inosɑ̃/ "**ama**teur" ↦ /amatœʀ/

Attention! Il existe plusieurs exceptions à ces règles. Certaines de ces exceptions peuvent s'expliquer par la présence d'un préfixe ("enneiger" ↦ /ɑ̃neʒe/, "immanquable" ↦ /ɛ̃mɑ̃kabl/, emmener ↦ /ɑ̃mne/), ou par l'origine du mot ("fan" ↦ /fan/, "gentleman" ↦ /dʒɑ̃tləman/, "macadam" ↦ /makadam/, "requiem" ↦ /ʀekɥijɛm/, "idem" ↦ /idɛm/, etc...).

Certains adjectifs comme "bon", "certain", "plein", "prochain", "moyen" vont perdre la voyelle nasale dans une liaison. Par exemple, un francophone dira: "c'est un bon film" en prononçant la voyelle nasale /ɔ̃/, mais dans une liaison: "c'est un bon exercice", il prononcera la voyelle orale /ɔ/ + la consonne de liaison /n/: /sɛtɛ̃bɔnɛgzɛʀsis/. Et de même on peut opposer "en plein air" ↦ /ɑ̃plɛnɛʀ/ à "en plein vent" ↦ /ɑ̃plɛvɑ̃/ et "mon prochain exploit" ↦ /mɔ̃pʀoʃenɛksplwa/ à "mon prochain livre" ↦ /mɔ̃pʀoʃɛ̃livʀ/.

1.b. Exercices d'application

1° Prononce-t-on la voyelle nasale ou non? Regardez les mots suivants et mettez une croix dans la colonne OUI si la partie soulignée se prononce avec une voyelle nasale, et dans la colonne NON si elle se prononce avec une voyelle orale suivie d'une consonne nasale. Transcrivez ensuite cette liste de mots:

	OUI	NON	TRANSCRIPTION
image	___	___	_____
impopulaire	___	___	_____
injuste	___	___	_____
anglais	___	___	_____
anneau	___	___	_____
honnête	___	___	_____
cent	___	___	_____
ampoule	___	___	_____
immobile	___	___	_____
insensible	___	___	_____

2ᶜ Lisez à voix haute ce poème, entourez tous les graphèmes représentant les sons /ɛ̃/ /ɑ̃/ /ɔ̃/ et transcrivez sous le mot le symbole phonétique correspondant:

Suppositions - J. Charpentreau

Si la tour Eiffel m(on)tait
/ɔ̃/
M(oin)s haut le bout de s(on) nez,
/wɛ̃/ /ɔ̃/
Si l'Arc de triomphe était

Un peu moins lourd à porter,

Si l'Opéra se pliait,

Si la Seine se roulait,

Si les ponts se dégonflaient,

Si tous les gens se tassaient

Un peu plus dans le métro,

Si l'on retirait des rues

Les guéridons des bistrots,

Les obèses, les ventrus,

Les porteurs de grands chapeaux,

Si l'on ôtait les autos,

Si l'on comptait les kilos

A deux cents grammes pas plus,

Si Montmartre se tassait,

Si les trop gros maigrissaient,

Si les tours rapetissaient,

Si le Louvre s'envolait,

Si l'on rentrait les oreilles,

Avec des Si on mettrait

Paris dans une bouteille.

3° Lisez à voix haute le texte suivant et à partir des symboles phonétiques, récrivez les mots en orthographe traditionnelle:

Quatier perdu - P. Modiano (extrait)

« C'est étr/ã/ge d'/ã/t/ã/dre parler fr/ã/çais. A ma desc/ã/te de l'avi/ɔ̃/, j'ai

s/ã/ti /ɛ̃/ léger p/ɛ̃/cem/ã/ au coeur. D/ã/ la file d'att/ã/te, dev/ã/ les bureaux

de la douane, je c/ɔ̃/t/ã/plais le passeport, qui est désormais le mi/ɛ̃/, vert

pâle orné de deux li/ɔ̃/ d'or, les /ã/blèmes de m/ɔ̃/ pays d'adopti/ɔ̃/.

[...] J'ai /ɛ̃/diqué l'adresse de l'hôtel au chauffeur de taxi et je craignais qu'il

n'/ã/gageât la c/ɔ̃/versati/ɔ̃/ car j'avais perdu l'habitude de m'exprimer d/ã/

ma langue maternelle.»

4° Transcrivez ou complétez les transcriptions suivantes:
- insulter   /. . . . . e/   symbole   /. . . ɔ . /
- indolent   /. . o . . /   importun   /. . ɔ . . . /
- la moisson   /. . . . . . . /   européen   /ø . o . e . /
- lointain   /. . . . . /   évidemment   /e . . . a . . /
- innocent   /. . o . . /   instinctivement /. . . . . /
- un plombage /. . . . . . . /   indépendance /. . e . . . . . /
- un ancien ami /. . . . . /   immense   /. . . . /
- l'imagination /. . . . . /

5° Complétez la transcription de l'extrait suivant. Ne mettez rien dans les espaces indiquant les frontières de groupes rythmiques. Les doubles barres (//) indiquent une fin de phrase. Attention, n'oubliez pas de transcrire les consonnes de liaison quand elles sont prononcées.

Exemple: "C'était un dimanche" ↦ /setɛtɛ̃dimãʃ/

Quartier perdu - P. Modiano (extrait)

« A la réception de l'hôtel, le concierge m'a tendu une enveloppe bleue.
C'était un message de ma femme qui avait téléphoné dans l'après midi. Elle
avait décidé de partir plus tôt que prévu pour Klosters avec les enfants.
Elle y serait demain matin et me demandait de venir l'y rejoindre.
    - Monsieur...
Le concierge me lança de nouveau son sourire de connivence.
    - Si vous êtes seul à Paris...
Il me glissait dans la main la carte rouge qu'il m'avait donnée l'autre soir.
    _ Tout est possible avec ça... N'importe lequel de vos désirs
peut être exaucé... Il suffit de téléphoner...»

```
/ . . . . e . ɛ . . . . . ə . o . ɛ .      . ə . . . . ɛ . .      . . . . . .
. . . . . ɔ . . . ø // . e . ɛ . . . e . . .      . ə . . . . .    . . . . ɛ . e . e . o . e
. . . . . . ɛ . . . . // ɛ . . . ɛ . e . . . e    . ə . . . . . .  . . . . . . ə . . e . .
. . . * . . ɔ . . ɛ .    . . ɛ . . e . . . . // ɛ . . . ə . ɛ    . ə . . . . . .
. . ə . ə . . . ɛ    . ə . ə . . . . . . ə . . . . . // . ə . . ø // . ə . . . . ɛ . .
. ə . . . . . ə . . . o    . . . . . . . . ə . o . . . . . // . . . . ɛ . . œ . . * . . . . //
. . . ə . . . . ɛ    . . . . . .    . . . . . . ə . . .    . . . . . ɛ . o . e
. o . . ə . . . . // . . . ɛ . o . . . . . . ɛ . . .    . . . ɔ . . . ə . ɛ . . ə . o . e . . .
. ø . ɛ . . ɛ . . o . e //. . . . . .    . ə . e . e . o . e //
```

2. Les voyelles à 2 timbres /e, ɛ/, /ø, œ/ et /o, ɔ/

2.a. Survol théorique

Le français compte trois paires de voyelles orales moyennes (produites avec une
ouverture moyenne de la bouche) que l'on appelle aussi les voyelles à deux timbres, un
timbre fermé /e, ø, o/ et un timbre ouvert /ɛ, œ, ɔ/. La prononciation de ces voyelles
dépend de la nature de la syllabe dans laquelle elles apparaissent.

· Syllabe accentuable vs. inaccentuable, fermée vs. ouverte
Une syllabe est soit accentuable (la dernière syllabe du mot en français) soit
inaccentuable (les syllabes qui précèdent la dernière syllabe du mot).
Exemples: "canapé"   ↦ ca - na - **pé**
                         (syllabe accentuable)
                    ↦ **ca - na** - pé
                         (syllabes inaccentuables)

De plus, une syllabe qui se termine par une consonne prononcée sera dite "fermée" et une syllabe qui se termine par une voyelle sera dite "ouverte". Ainsi, lorsque vous lisez à voix haute les mots monosyllabiques suivants, vous entendez qu'ils se terminent par le son d'une consonne. Ce sont donc des syllabes fermées (SF): "pierre", "port", "jeune", "fille". Par contre, lorsque vous lisez à voix haute les mots "beau", "jeux", "blé", vous entendez qu'ils se terminent par le son de la voyelle. Ce sont donc des syllabes ouvertes (SO).

· **La division syllabique**

Contrairement à l'anglais, le français a tendance à découper les mots ou groupes de mots en syllabes ouvertes, c'est-à-dire en terminant la syllabe avec la voyelle: V - CV. On peut dire que 80% des syllabes en français sont ouvertes, alors que l'anglais ou l'allemand, par exemple, n'en compte qu'environ 30 %.

Exemples: "amitié" ↦ /a - mi - tje/   "émancipation" ↦ /e - mã - si - pa - sjɔ̃/
                SO SO SO   SO SO SO SO SO

           "mange un fruit" ↦ /mã - ʒɛ̃ - fʀɥi/   "un enfant" ↦ /ɛ̃ - nã - fã/
                   SO SO SO   SO SO SO

Lorsque deux consonnes prononcées sont en contact, le découpage se fait souvent entre les deux consonnes" VC - VC

Exemples: "examiner" ↦ /ɛg - za - mi - ne/   "activité" ↦ /ak - ti - vi - te/
                SF SO SO SO   SF SO SO SO

           "exister" ↦ /ɛg - zis - te/   "pour l'instant" ↦ /puʀ - lɛ̃s - tã/
                SF SF SO   SF SF SO

Les groupes consonantiques (une consonne + /ʀ/ ou /l/) ne peuvent pas être séparés.

Exemples: " apprentissage" ↦ /a - pʀã- ti - saʒ/
                SO SO SO SF

           "classification" ↦ /kla - si - fi - ka - sjɔ̃/
                SO SO SO SO SO

           "prendre un bain" ↦ /pʀã - dʀɛ̃- bɛ̃/
                SO   SO   SO

· **Les voyelles à deux timbres en syllabes accentuables**

Ainsi que nous le mentionnions un peu plus haut, la prononciation de ces voyelles dépend en grande partie de la nature de la syllabe dans laquelle elles apparaissent. Si une voyelle moyenne se trouve dans une syllabe fermée accentuable, un francophone aura tendance à prononcer la voyelle ouverte.

Exemples: "pierre"   ↦ /pjɛʀ/   "fort"   ↦ /fɔʀ/

           "l'heure"   ↦ /lœʀ/

Si une voyelle moyenne se trouve dans une syllabe ouverte accentuable, un francophone aura tendance à prononcer la voyelle fermée.

Exemples: "beau"   ↦ /bo/   "chez"   ↦ /ʃe/

           "jeux"   ↦ /ʒø/

C'est ce qu'on appelle **la règle de distribution complémentaire** ou **la Loi de Position:**

Syllabe ouverte (SO) ↦	Voyelle fermée (VF)
Syllabe fermée (SF) ↦	Voyelle ouverte (VO)

Attention! Il existe cependant quelques exceptions à cette règle dues à des raisons étymologiques, graphiques ou de phonétique combinatoire. En effet, et si l'on suit la norme du français standard:

1. Pour les voyelles moyennes /e, ɛ/ certaines graphies en syllabes accentuables ouvertes sont prononcées /ɛ/ au lieu de /e/:

-ès	procès	↦ /pʀosɛ/
-êt	forêt	↦ /foʀɛ/
-ect	respect	↦ /ʀɛspɛ/
-et	complet	↦ /kɔ̃plɛ/
-ai	mai	↦ /mɛ/
-ai(t,s,e,ent,...) sait	↦ /sɛ/
-ey	poney	↦ /ponɛ/

Il faut toutefois remarquer que de nombreux locuteurs francophones, particulièrement les méridionaux, s'éloignent de la prononciation standard et appliquent la Loi de Position. Il est donc fréquent d'entendre "le procès" ↦ /ləpʀose/, "le lait" ↦ /ləle/ ou "jamais" ↦ /ʒame/. Dans ce manuel, et pour les raisons que nous avons expliquées dans l'introduction, nous suivrons la norme du français standard. Ainsi, nous transcrirons la phrase suivante: "Cet été je chantais sans arrêt dans la forêt" ↦ /sɛtete ʒəʃɑ̃tɛsɑ̃zaʀɛ dɑ̃lafoʀɛ/

2. En syllabe accentuable fermée, les graphies "ô", "au" et "eau" sont prononcées avec la voyelle fermée /o/.

Exemples:	"nôtre"	↦ /notʀ/
	"gauche"	↦ /goʃ/
	"heaume"	↦ /om/

La graphie "o" suivie du son /z/ est prononcée /o/.

Exemples:	"ose"	↦ /oz/
	"chose"	↦ /ʃoz/

Certains mots comme "grosse", "atome", "fosse", etc. sont prononcés avec la voyelle fermée ↦ /o/.

3. En syllabe accentuable fermée, la graphie "eû" se prononce avec la voyelle fermée /ø/.

Exemple: "jeûne" ↦ /ʒøn/ opposé à "jeune" ↦ /ʒœn/

La graphie "eu" suivie des sons /z/, /tʀ/ ou /t/ se prononce avec la voyelle fermée /ø/.

Exemples: "creuse"   /kʀøz/   "neutre"   /nøtʀ/

              "meute"   /møt/

·   **Les voyelles à deux timbres en syllabes inaccentuables**

Selon la norme du français standard, la prononciation de ces voyelles suit la règle de distribution complémentaire (SF ↦ VO / SO ↦ VF). Il faut cependant remarquer que le timbre de ces voyelles en position inaccentuée est en fait un timbre intermédiaire à mi-chemin entre la fermeture et l'ouverture, plutôt qu'un timbre clairement fermé ou ouvert, même si certains facteurs comme la graphie,   les phénomènes d'analogie ou d'harmonisation vocalique influencent aussi la prononciation de telle ou telle voyelle moyenne.

Exemples: "beauté" ↦ /bote/ ↦ graphie "eau"

              "botté" ↦ /bɔte/ ↦ analogie avec "botte"

              "austère" ↦ /ɔstɛʀ/ ↦ harmonisation vocalique avec /ɛ/

Ainsi, la prononciation des voyelles moyennes, derrière l'apparente simplicité de la règle de distribution complémentaire, est en fait bien complexe. Cependant, dans un souci de simplicité et toujours pour suivre la prononciation du français standard, nous proposons la norme pédagogique suivante, tout en respectant les exceptions décrites à la page précédente:

	Syllabe accentuable		Syllabe inaccentuable	
	Syllabe ouverte	*Syllabe fermée*	*Syllabe ouverte*	*Syllabe fermée*
E	/e/	/ɛ/	/e/	/ɛ/
EU	/ø/	/œ/	/ø/	/œ/
O	/o/	/ɔ/	/o/	/ɔ/

Exemples: "espérer" ↦ es - pé - rer ↦ /ɛspeʀe/

              SF SO SO

              "apporter" ↦ a - por -ter ↦ /apɔʀte/

              SF SO

              "fauteuil" ↦ fau - teuil ↦ /fotœj/

              SO SF

"Malheureux, il pleurait en regardant sa rose fanée"
ma- lheu - reux - il - pleu - rait - en - re - gar - dant - sa - rose - fa - née
SO SO   SO SO   SF   SO
/malørø   ilplørɛ   ãrəgardã   sarozfane/

2.b. Exercices d'application

1° Lisez à haute voix la transcription phonétique du poème suivant et récrivez-le en orthographe traditionnelle:

La bouteille d'encre - M. Carême

/dynbutɛjdãkr   _____

ɔ̃pøturətire   _____

lənaviravɛklãkr   _____

laʃevravɛkləpre   _____

laturavɛklarɛn   _____

labrãʃavɛklwazo   _____

lɛsklavavɛklaʃɛn   _____

lursavɛklɛskimo   _____

dynbutɛjdãkr   _____

ɔ̃pøturətire   _____

silɔ̃nɛpazɛ̃kãkr   _____

ekɔ̃sɛdesine/   _____

2° Transcrivez ou complétez les oppositions suivantes:

Voyelles fermées	*Voyelles ouvertes*
- un pot	- un port
/. . . /	/. . . . /
- ceux qui transposent	- celles qui rejettent
/. . . . . /	/. . . . . . ə . . . /
- un premier jeu	- la première heure
/. . . ə . . . . . /	/. . . . ə . . . . . . /
- ils sont des vôtres	- votre belle soeur
/. . . . . /	/. . . . ə . . . . . . /
- l'été, les lacs sont desséchés	- en effet, leurs projets étaient parfaits
/. . . . . /	/. /

3° Transcrivez ou complétez les transcriptions suivantes:

- C'était l'automne.
/. . . . . /
- Ma soeur et mon frère sont jumeaux.
/. . . . ./
- Je suis heureuse de faire votre connaissance.
/. ə . . . . ə . . . . . . .ə . . . . /
- Elle veut rester neutre dans cette affaire.
/. . . . . /
- Le symbole de la gauche en France est une fleur : la rose.
/. ə . . . . . .ə . . . . /
- Ma secrétaire est une personne pleine de gaité qui vous redonne du baume au coeur lorsque vous en manquez.
/. . . ə . . . .'. . . . . .ə . . . . .ə . . .
. . . . .ə . . . . /

3. Le /ə/ caduc

3.a. Survol théorique

Le /ə/ caduc, aussi nommé /ə/ muet, /ə/ instable, /ə/ féminin ou schwa, présente des caractéristiques bien particulières. Et s'il est impossible de distinguer à l'oreille la différence de prononciation entre le /ə/ caduc et les voyelles /ø/ /œ/ ("ceux-là / cela", "jeunes filles/ je ne veux pas", etc.), ces voyelles sont cependant bien différentes dans leur comportement. En effet, les voyelles /ø/ /œ/ correspondent à la graphie "eu" (exemples: deux, peur, seul, heureux, etc.) et sont toujours prononcées. Alors que le /ə/ caduc correspond à la graphie "e", et selon les contextes, est prononcé (e), peut être prononcé ((e)) ou ne doit pas être prononcé (').

Exemples: "j(e) vois" ↦ /ʒvwa/ ou /ʒəvwa/

              "nous l(e) verrons" ↦ /nulveʀɔ̃/ ou /nuləveʀɔ̃/

              " ell' " ↦ /ɛl/

              "port' " ↦ /pɔʀt/

              "mercredi" ↦ /meʀkʀədi/

              "premier" ↦ /pʀəmje/

La présence ou l'absence du /ə/ caduc reflète, en fait, la tendance en français à ne pas créer de trop grands groupes de consonnes. Si un francophone peut facilement prononcer des suites comme: "je n' le veux pas" ↦ /ʒənləvøpa/, il aura par contre beaucoup de difficultés à dire "l'autr' psychologue" ↦ /lotʀpsikolɔg/ et préfèrera prononcer le /ə/ caduc afin d'adoucir ce groupe consonantique: /lotʀəpsikolɔg/.

Ceci explique aussi le fait que dans certains contextes consonantiques, un francophone aura tendance à ajouter un /ə/ qui n'apparaît pas à l'écrit.

Exemple: "un film/ə/ passionnant" ↦ /ɛ̃filməpasjonɑ̃/

De façon générale, on peut dire que le /ə/ caduc se prononce lorsqu'il est précédé d'au moins 2 consonnes et suivi d'au moins 1 consonne:

Exemples: "vo<u>tre</u> grand garçon" ↦ /vɔtRəgRɑ̃gaRsɔ̃/

"mer<u>cre</u>di" ↦ /mɛRkRədi/   "ju<u>ste</u>ment" ↦ /ʒystəmɑ̃/,

mais qu'on ne le prononce pas s'il est au contact d'1 ou 2 consonnes.

Exemples: "les p'tit's maisons" ↦ /leptitmezɔ̃/   "sam'di" ↦ /samdi/

"am'ner" ↦ /amne/   "env'lopper" ↦ /ɑ̃vlope/,

Règle des 3 consonnes
Le /ə/ est prononcé s'il est précédé de deux consonnes et suivi d'une autre consonne.

Mais plus précisément:

- le /ə/ devant un "h" aspiré est toujours prononcé en ce qui concerne les mots outils comme : "je, me, te, se, ne, le, ce, de, que"

Exemples: le héros ↦ /ləeRo/

les jeux de hasard ↦ /leʒødəazaR/

- le /ə/ en position finale dans des mots autres que les mots outils cités ci-dessus et devant un "h" aspiré est généralement prononcé

Exemples: une haine tenace ↦ /ynəɛntənas/

une belle harpe ↦ /ynbɛləaRp/

- le /ə/ dans une syllabe initiale d'un groupe rythmique ou d'une phrase sera le plus souvent prononcé, lorsqu'il suit les consonnes /p, t, k, n, m, l/. Il sera moins souvent prononcé s'il suit des consonnes constrictives comme /ʒ, s, R/.

Exemples: Te rends-tu compte? ↦ /təRɑ̃tykɔ̃t/

Que faites-vous? ↦ /kəfɛtvu/

Le voyageur solitaire. ↦ /ləvwajaʒœRsolitɛR/

Me croyez-vous?. ↦ /məkRwajevu/

J' pars demain. ↦ /ʒpaRdəmɛ̃/

C'qu'il est beau! ↦ /skilɛbo/

- le /ə/ à la finale d'un groupe rythmique ou d'une phrase ne se prononce généralement pas. Exepté lorsqu'il s'agit d'une phrase impérative avec le pronom "le".

Exemples: Voici ma fill' ↦ /vwasimafij/

Les deux homm' parlaient financ' ↦ /ledøzɔm   paRlefinɑ̃s/

Achète-le! ↦ /aʃɛtlə/

- lorsque le /ə/ est à l'intérieur d'un groupe rythmique ou d'un mot, la règle des trois consonnes sera appliquée.

Exemples: Mercredi j'déménag' de mon ancien appartement.

/mɛʀkʀədi   ʒdemenaʒ   dəmɔ̃nɑ̃sjenapaʀtəmɑ̃/

Le héros d' cett' aventur' n'est autre que son partenair'.

/ləeʀodsetavɑ̃tyʀ   nɛtotʀəkəsɔ̃paʀtənɛʀ/

3.b. Exercices d'application

1° Lisez à voix haute les phrases suivantes, délimitez d'une barre (/) les groupes rythmiques puis soulignez le /ə/ lorsqu'il est préférable de le prononcer ou barrez-le si on peut le faire tomber.

Exemple: Vendredi / jé rentré en Francé.//

- Si seulement elle pouvait revenir sur sa décision!
- Le gouvernement conservateur va se réunir avec le parti de l'opposition.
- Ce handicap n'est pas insurmontable. Regardez l'avenir avec optimisme!
- Vendredi soir, mon père et ma mère regarderont certainement les nouvelles.
- Que deviendrons-nous si ceux qui partent refusent de reconnaître leur responsabilité dans l'affaire?

2° Transcrivez les mots ou petites phrases suivantes:

- facilement
- dangereusement
- heureusement
- finalement
- Je ne veux pas le recevoir
- Que je dise "jeu" ou "je", je ne veux nullement dire la même chose

- Mercredi, je lui demanderai de venir avec ses deux filles.

IV. Exercices de transcription phonétique

1. Lisez à haute voix la transcription suivante et récrivez le texte en orthographe traditionnelle:

Quartier perdu - P. Modiano (extrait)

/vɛʀsɛ̃kœʀdəlapʀemidi   ʒəsɥisɔʀtidlotɛl   lədosjesulbʀa//
laʃalœʀ   etɛtosiluʀd   kəlavɛj   meʒavɛly   dɑ̃lʒuʀnal
kəlaplɥi   tɔ̃bʀednuvo   ɑ̃fɛ̃dswaʀe   esɛtpɛʀspɛktiv
məʀekɔ̃fɔʀtɛ// sulezaʀkad   ʒəmsɥidmɑ̃de   puʀkwaʒavɛdeside
dabiteɛ̃notɛl   dlaʀy*kastiglijɔn// siʒiʀefleʃisɛbjɛ̃   laʀezɔ̃ɑ̃netɛsɛ̃pl
ʒəkʀeɲetɑ̃   dʀətʀuve*paʀi   kəʒavɛʃwazi   lɑ̃dʀwaləplynøtʀəposibl
ynzonfʀɑ̃ʃ   ynsɔʀtədə   kɔ̃sesjɔ̃ɛ̃tɛʀnasjonal   uʒənʀiskepa
dɑ̃tɑ̃dʀəpaʀlefʀɑ̃sɛ   euʒənsʀɛ   kɛ̃tuʀistəpaʀmidotʀətuʀist//

_____
_____
_____
_____
_____
_____
_____
_____

2. Transcrivez le texte suivant. Séparez les groupes rythmiques d'un espace et faites attention aux liaisons, enchaînements et à l'utilisation du /ə/ caduc. Rappelez-vous que plus le style est soigné et formel, plus on prononce de liaisons.

La symphonie pastorale - A. Gide (extrait)

«La neige est tombée encore abondamment cette nuit. Les enfants sont ravis parce que bientôt, disent-ils, on sera forcé de sortir par les fenêtres. Le fait est que ce matin la porte est bloquée et que l'on ne peut sortir que par la buanderie. Hier, je m'étais assuré que le village avait des provisions en suffisance, car nous allons sans doute demeurer quelque temps isolés du reste de l'humanité. Ce n'est pas le premier hiver que la neige nous bloque, mais je ne me souviens pas d'avoir jamais vu son empêchement si épais.»

_____
_____
_____
_____

3. Transcrivez le poème suivant. Attention aux liaisons et aux enchaînements et rappelez-vous que plus le style est soigné et formel, plus on prononce de liaisons:

Être ange - J. Prévert

Être ange
C'est étrange
Dit l'ange
Être âne
C'est étrane
Dit l'âne
Cela ne veut rien dire
Dit l'ange en haussant les ailes
Pourtant
Si étrange veut dire quelque chose
Étrâne est plus étrange qu'étrange
Dit l'âne
Étrange est
Dit l'ange en tapant des pieds
Étranger vous-même
Dit l'âne
Et il s'envole.

4. Lisez à voix haute le poème suivant et récrivez-le en orthographe traditionnelle:

Le lac endormi - J. Supervielle

/ɛ̃sapɛ̃   lanɥi
kɑ̃nylnələvwa
dəvjɛ̃tynbaʀk
sɑ̃ʀam   nibʀa//
ɔ̃nɑ̃tɑ̃paʀfwa
kɛlkəklapoti
elɔ̃sefaʀuʃ
tutoʀdəlɥi/

5. Transcrivez le poème suivant. Attention aux liaisons et enchaînements et rappelez-vous que plus le style est soigné et formel, plus on prononce de liaisons:

Comptine - J. Tardieu

J'avais une vache
Elle est au salon

J'avais une rose _____

Elle est en chemise _____

Et en pantalon _____

J'avais un cheval _____

Il cuit dans la soupe _____

Dans le court-bouillon _____

J'avais une lampe _____

Le ciel me l'a prise _____

Pour les nuits sans lune _____

J'avais un soleil _____

Il n'a plus de feu _____

Je n'y vois plus goutte _____

Je cherche ma route _____

Comme un malheureux _____

6. Transcrivez le texte suivant. Séparez les groupes rythmiques par un espace, attention aux liaisons et aux enchaînements. Rappelez-vous que plus le style est soigné et formel, plus on prononce de liaisons:

Quartier perdu - P. Modiano (extrait)

«A l'aube, elle a fini par s'endormir. Elle avait voulu que je laisse allumée la lampe de chevet. Sa joue était appuyée sur l'oreiller, son bras gauche replié, et de la main elle serrait son épaule, dans un geste de protection. Je l'ai regardée longtemps, pour ne pas oublier son visage. Une fille d'une vingtaine d'années. Taille moyenne. Brune. Odeur de lavande. Jusqu'à présent, elle n'a pas pu être identifiée.

J'ai éteint la lampe. Mes chaussures à la main, je me suis glissé sur la pointe des pieds hors de la chambre. J'ai refermé la porte doucement derrière moi, et dans le couloir, j'ai lacé mes chaussures.»

_____

_____

_____

_____

_____

_____

_____

V. Corrigé des exercices

1. LES CONSONNES

Le Petit Prince - A. de St. Exupéry (extraits)

◆ «(C)ar (j)e n'aime pas (qu)'on me lise à la lé(g)ère. (J)'éprouve tant de (ch)agrin à
   k ʒ   k   ʒ   ʒ   ʃ

ra(c)onter ces souvenirs.»
   k

◆ «C'est don(c) pour ça en(c)ore (qu)e (j)'ai a(ch)eté une boîte de (c)ouleurs et des
              k   k   k ʒ   ʃ   k

(c)rayons.»
 k

◆ «(J)e ne (c)ompris pas pour(qu)oi il était si important (qu)e les moutons
   ʒ   k   k   k

man(ge)assent les arbustes. Mais le Petit Prince a(j)outa:
   ʒ   ʒ

_ Par (c)onsé(qu)ent ils man(g)ent aussi les baobabs?
       k   k   ʒ

_ C'est e(x)a(c)t! Mais pour(qu)oi veux-tu (qu)e tes moutons man(g)ent les petits
       g k   k   k   ʒ

baobabs?

Il me répondit: "Ben! Voyons!" (C)omme s'il s'a(g)issait là d'une évidence. Et il me
                                   k   ʒ

fallut un (g)rand effort d'intelli(g)ence pour (c)omprendre à moi seul ce problème.»
        g   ʒ   k

◆ «(J)e dis: "Enfants! Faites attention aux baobabs!" C'est pour avertir mes amis d'un
   ʒ

dan(g)er (qu)'ils frôlaient depuis longtemps, (c)omme moi-même, sans le (c)onnaître,
   ʒ   k   k   k

(qu)e (j)'ai tant travaillé ce dessin-là.»
 k   ʒ

La vie d'un simple - E. Guillaumin (extrait)

◆ «/k/and tout fut /t/erminé, les /p/arents d'A/g/on/ʒ/ vin/ʀ/ dé/ʒ/euner /ʃ/ez nous.
  Quand   *terminé*   *parents*   *Agonge* *vinrent déjeuner chez*

On a/v/ait /f/ait quel/k/es /pʀ/éparatifs, a/ʃ/eté du /v/in et un mor/s/eau de viande
  avait *fait quelques préparatifs acheté*   *vin*   *morceau*

pou/ʀ/ la /s/oupe. Ma mère a/ʒ/outa une omele/t/. /l/e repas du/ʀ/a longtemps et,
pour   soupe   ajouta   omelette le   dura
ve/ʀ/ la fin, la /k/onver/s/a/s/ion s'anima. /ʒ/e /kʀ/ois même /k/e l'on/k/le Toinot
vers   conversation   Je crois   que   l'oncle
redit une fois de /p/lus dans quelles condi/s/ions il avait tué son Ru/s/. /s/ette réfle-
                  plus   conditions   Russe Cette
/ks/ion me vint /k/e tous les ra/s/emblements se te/ʀ/minaient à peu près de la
réflexion   que   rassemblements   terminaient
/m/ê/m/ manière. [...] Elle en vint même à /pʀ/endre une /s/ertaine fami/l/iarité
même   prendre   certaine familiarité
respe/kt/ueu/z/ ave/k/ les Boutry /k/i lui témoi/ɲ/aient de la bonté.»
respectueuse avec   qui témoignaient

Ajoutez aux transcriptions suivantes les symboles phonétiques manquants.

◆ Dans les mots isolés

- la sensation	/l a s ɑ̃ s a s j ɔ̃ /
- la respiration	/s a ʀ ɛ s p i ʀ a s j ɔ̃/
- un garçon	/ɛ̃ g a ʀ s ɔ̃/
- le garagiste	/l ə g a ʀ a ʒ i s t /
- les sciences naturelles	/l e s j ɑ̃ s n a t y ʀ ɛ l /
- changeons	/ʃ ɑ̃ ʒ ɔ̃/
- apprivoiser	/a p ʀ i v w a z e/
- partition	/p a ʀ t i s j ɔ̃/
- française	/f ʀ ɑ̃ s ɛ z /
- dessert	/d e s ɛ ʀ /
- désert	/d e z ɛ ʀ /
- dixième	/d i z j ɛ m /
- deux hirondelles	/d ø z i ʀ ɔ̃ d ɛ l /
- quiconque	/k i k ɔ̃ k /
- le pyjama	/l ə p i ʒ a m a /
- une figurante	/y n f i g y ʀ ɑ̃ t /
- un rognon	/ɛ̃ ʀ o ɲ ɔ̃/
- magnifique	/m a ɲ i f i k /
- un diagnostique	/ɛ̃ d j a g n ɔ s t i k /
- l'existence	/l ɛ g z i s t ɑ̃ s /
- exactement	/ɛ g z a k t ə m ɑ̃/
- extraordinaire	/ɛ k s t ʀ a ɔ ʀ d i n ɛ ʀ /
- exquise	/ɛ k s k i z /

◆ Dans des groupes de mots ou des phrases courtes

    - Elle arrive à Québec
    /ɛ l a ʀ i v a k e b ɛ k /
    - Le frère de Roger
    /l ə f ʀ ɛ ʀ d ə *ʀ ɔ ʒ e/
    - Ça vous a plu?
    /s a v u z a p l y /
    - Un homme très honnête
    /ɛ̃ n ɔ m t ʀ ɛ z o n ɛ t /
    - Le quatre avril prochain
    /l ə k a t ʀ a v ʀ i l p ʀ o ʃ ɛ̃ /

◆ Dans des phrases plus longues:

    «C'était le printemps. À l'horizon le soleil se couchait et les champs de canne à
    sucre rougeoyaient à l'approche de la nuit. Nous étions le six et je partais dans dix
    jours. J'avais obtenu du gouvernement une bourse pour aller étudier la
    psychologie à Paris. Il me fallait donc quitter la Guadeloupe pour m'installer dans
    cette grande ville intimidante et, selon certains, inhumaine.»

/s e t ɛ l ə p ʀ ɛ̃ t ã // a l o ʀ i z ɔ̃   l ə s o l ɛ j s ə k u ʃ ɛ
e l e ʃ ã d ə k a n a s y k ʀ ʀ u ʒ w a j ɛ a l a p ʀ ɔ ʃ
d ə l a n ɥ i // n u z e t j ɔ̃ l ə s i s e ʒ ə p a ʀ t ɛ
d ã d i ʒ u ʀ // ʒ a v ɛ z ɔ b t ə n y d y g u v ɛ ʀ n ə m ã y n b u ʀ s
p u ʀ a l e e t y d j e l a p s i k o l o ʒ i a *p a ʀ i //
i l m ə f a l ɛ d ɔ̃ k k i t e l a *g w a d l u p p u ʀ m ɛ̃ s t a l e
d ã s ɛ t g ʀ ã d v i l ɛ̃ t i m i d ã t e s ə l ɔ̃ s ɛ ʀ t ɛ̃ i n y m ɛ n //

---

2. LES CONSONNES DE LIAISON ET LES ENCHAÎNEMENTS CONSONANTIQUES

Lisez les phrases suivantes à voix haute puis complétez les transcriptions en ajoutant la
consonne de liaison ou la consonne enchaînante.
Exemple: "Il voyage en avion"
    /ilvwajaʒãnavjɔ̃/

◆ Parmi les collections du Musée, on y trouve des exemples d'animaux disparus, des
    /ɔ̃ n i t ʀ u v d e z e g z ã p l/

fossiles des plus anciens vertébrés connus et une importante collection d'antiquités
/d e p l y z ã s j ẽ/   /y n ẽ p ɔ ʀ t ã t/
egyptiennes.

◆ Vivez une grande aventure écologique en plein coeur de Montréal: le Biodôme
/g ʀ ã d a v ã t y ʀ e k o l o ʒ i k ã p l ẽ k œ ʀ/
de Montréal rend hommage à la planète Terre! Musée de l'environnement au
/o m a ʒ a l a p l a n ɛ t t ɛ ʀ/
concept inédit, le Biodôme ouvrira ses portes en juin 1992.
/k ɔ̃ s ɛ p t i n e d i l ə b j o d o m u v ʀ i ʀ a s e p ɔ ʀ t ã/

Lisez les phrases suivantes à voix haute. Indiquez si les phrases sont prononcées avec des
liaisons (‿) et/ou des enchaînements consonantiques (___). Marquez toutes les
liaisons obligatoires et ne marquez aucune liaison interdite ou facultative. Transcrivez
ensuite la syllabe formée par la consonne de liaison ou la consonne enchaînante et la
voyelle qui suit.
Exemple: "Ils‿ont mal à la tête"
           /z ɔ̃/   /la/

◆ Pauline est à la plage.
     /nɛ/ /ta/
◆ L'hiver est bel et bien fini.
     /ʀɛ/   /le/
◆ Une agence de la Francophonie s'installe au Viêt-Nam.
     /na/   /lo/
◆ L'information à outrance risque-t-elle de piéger à notre insue nos vies
privées?   /tʀẽ/

◆ La conférence à Genève nous‿a fait réaliser à quel point il est‿urgent d'agir.
       /sa/   /za/   /lɛ//tyʀ/
◆ Multilingual Plus, la plus‿importante agence de placement pour personnel
                /zẽ/   /ta/
multilingue de Toronto, vous‿aidera à trouver les meilleurs candidats! Que
           /zɛ/
vous recherchiez du personnel permanent ou temporaire parlant anglais,

français, espagnol ou autre, nos spécialistes vous‿aideront à trouver la
         /lu/   /zɛ/
personne idéale que vous recherchez, et à sélectionner celle qui répond le
     /ni/
mieux aux besoins de votre entreprise!
         /tʀã/

3. LES SEMI-CONSONNES

Le petit Prince - A. de St. Exupéry (extraits)

◆ « _ Adieu, dit le renard. Voici mon secret. Il est très simple: on ne voit bien
/a d j ø/ /v w a s i/ /v w a b j ɛ̃/
qu'avec le coeur. L'essentiel est invisible pour les yeux.
/l e s ɑ̃ s j ɛ l/ /l e z j ø/
_ L'essentiel est invisible pour les yeux, répéta le petit prince, afin de se souvenir. [...]
/l e s ɑ̃ s j ɛ l/ /l e z j ø/
_ Les hommes ont oublié cette vérité, dit le renard. Mais tu ne dois pas l'oublier. Tu
/u b l i j e/ /d w a/ /l u b l i j e/
deviens responsable pour toujours de ce que tu as apprivoisé. Tu es responsable de ta
/d ə v j ɛ̃/ /t ɥ a a p ʀ i v w a z e//t ɥ e/
rose...
_ Je suis responsable de ma rose ... répéta le petit prince, afin de se souvenir.»
/s ɥ i/

◆ Opposition: voyelle vs. semi-consonne

faire	/f ɛ ʀ/	fier	/f j ɛ ʀ/
ils poussèrent	/i l p u s ɛ ʀ/	la poussière	/l a p u s j ɛ ʀ /
une île	/y n i l/	une huile	/y n ɥ i l /
il pleut	/i l p l ø/	la pluie	/l a p l ɥ i/
il va	/i l v a/	il voit	/i l v w a/
c'est long	/s ɛ l ɔ̃/	c'est loin	/s ɛ l w ɛ̃/
un écu	/ɛ̃ n e k y/	une écuelle	/y n e k ɥ ɛ l /
un râle	/ɛ̃ ʀ a l /	un rail	/ɛ̃ ʀ a j/
la joue	/l a ʒ u/	jouer	/ʒ w e/
il est ému	/i l ɛ t e m y /	il est immuable	/i l ɛ t i m ɥ a b l/

◆ Opposition: voyelle vs. semi-consonne vs. voyelle + voyelle

une rue /y n ʀ y /	une ruelle /y n ʀ ɥ ɛ l /	cruelle /k ʀ y ɛ l /
il loue /i l l u /	c'est loué /s ɛ l w e /	clouer /k l u e /
la roue /l a ʀ u /	le rouet /l ə ʀ w e /	la prouesse /l a p ʀ u ɛ s /

◆ Les mots difficiles

un crayon /ɛ̃ k ʀ e j ɔ̃ /	bruyant /b ʀ ɥ i j ɑ̃ /
la bruyère /l a b ʀ ɥ i j ɛ ʀ /	effroyable /e f ʀ w a j a b l /
essuyer /e s ɥ i j e /	envoyer /ɑ̃ v w a j e /

ennuyé /ɑ̃ n ɥ i j e /   un tuyau /ɛ̃ t ɥ i j o /

un voyage /ɛ̃ v w a j a ʒ /   une écuyère /y n e k ɥ i j ɛ R /

Le chat et le soleil - M. Carême

/ləʃauvʀilezjø	Le chat ouvrit les yeux
ləsolɛjiɑ̃tʀa	Le soleil y entra
ləʃafɛʀmalezjø	Le chat ferma les yeux
ləsolɛjiʀɛsta	Le soleil y resta
vwalapuʀkwaləswaʀ	Voila pourquoi le soir
kɑ̃ləʃasəʀevɛj	Quand le chat se réveille
ʒapɛʀswadɑ̃lənwaʀ	J'aperçois dans le noir
dømɔʀsodəsolɛj/	Deux morceaux de soleil.

4. LES VOYELLES

· **Les voyelles nasales**

	OUI	NON	TRANSCRIPTION
image		__x__	/imaʒ/
impopulaire	__x__		/ɛ̃popylɛʀ/
injuste	__x__		/ɛ̃ʒyst/
anglais	__x__		/ɑ̃glɛ/
anneau		__x__	/ano/
honnête		__x__	/onɛt/
cent	__x__		/sɑ̃/
ampoule	__x__		/ɑ̃pul/
immobile		__x__	/imobil/
insensible	__x__		/ɛ̃sɑ̃sibl/

Suppositions - J. Charpentreau

Si la tour Eiffel m(on)tait
/ɔ̃/
M(oin)s haut le bout de s(on) nez,
/wɛ̃/   /ɔ̃/
Si l'Arc de tri(om)phe était
/ɔ̃/

Un peu m(oin)s lourd à porter,
/wɛ̃/
Si l'Opéra se pliait,

Si la Seine se roulait,

Si les p(on)ts se dég(on)flaient,
/ɔ̃/   /ɔ̃/
Si tous les g(en)s se tassaient
/ɑ̃/
Un peu plus d(an)s le métro
/ɑ̃/
Si l'(on) retirait des rues
/ɔ̃/
Les guérid(on)s des bistrots,
/ɔ̃/
Les obèses, les v(en)trus,
/ɑ̃/
Les porteurs de gr(an)ds chapeaux,
/ɑ̃/
Si l'(on) ôtait les autos,
/ɔ̃/
Si l'(on) c(om)ptait les kilos
/ɔ̃/   /ɔ̃/
A deux c(en)ts grammes pas plus
/ɑ̃/
Si M(on)tmartre se tassait,
/ɔ̃/
Si les trop gros maigrissaient,

Si les tours rapetissaient,

Si le Louvre s'(en)volait,
/ɑ̃/
Si l'(on) r(en)trait les oreilles,
/ɔ̃/ /ɑ̃/
Avec des Si (on) mettrait
/ɔ̃/
Paris d(an)s une bouteille.
/ɑ̃/

Quartier perdu - P. Modiano (extrait)

« C'est étr/ɑ̃/ge d'/ɑ̃/t/ɑ̃/dre parler fr/ɑ̃/çais. A ma desc/ɑ̃/te de l'avi/ɔ̃/, j'ai
étrange d'entendre   français   descente   l'avion
s/ɑ̃/ti /ɛ̃/ léger p/ɛ̃/cem/ɑ̃/ au coeur. D/ɑ̃/ la file d'att/ɑ̃/te, dev/ɑ̃/ les bureaux
senti un   pincement   Dans   d'attente devant
de la douane, je c/ɔ̃/t/ɑ̃/plais le passeport, qui est désormais le mi/ɛ̃/, vert
contemplais   mien
pâle, orné de deux li/ɔ̃/ d'or, les /ɑ̃/blèmes de m/ɔ̃/ pays d'adopti/ɔ̃/.
lions   emblèmes   mon   d'adoption
[...] J'ai /ɛ̃/diqué l'adresse de l'hôtel au chauffeur de taxi et je craignais qu'il
indiqué
n'/ɑ̃/gageât la c/ɔ̃/versati/ɔ̃/ car j'avais perdu l'habitude de m'exprimer d/ɑ̃/
n'engageât   conversation   dans
ma langue maternelle.»

Transcrivez ou complétez les transcriptions suivantes:

- insulter	/ɛ̃ s y l t e/	symbole	/s ɛ̃ b ɔ l /
- indolent	/ɛ̃ d o l ɑ̃ /	importun	/ɛ̃ p ɔ R t ɛ̃ /
- la moisson	/l a m w a s ɔ̃ /	européen	/ø R o p e ɛ̃ /
- lointain	/l w ɛ̃ t ɛ̃ /	évidemment	/e v i d a m ɑ̃ /
- innocent	/i n o s ɑ̃ /	instinctivement	/ɛ̃ s t ɛ̃ k t i v m ɑ̃ /
- un plombage	/ɛ̃ p l ɔ̃ b a ʒ /	indépendance	/ɛ̃ d e p ɑ̃ d ɑ̃ s /
- un ancien ami	/ɛ̃ n ɑ̃ s j ɛ n a m i /	immense	/i m ɑ̃ s/
- l'imagination	/l i m a ʒ i n a s j ɔ̃ /		

Quartier perdu - P. Modiano (extrait)

« A la réception de l'hôtel, le concierge m'a tendu une enveloppe bleue.
C'était un message de ma femme qui avait téléphoné dans l'après midi. Elle
avait décidé de partir plus tôt que prévu pour Klosters avec les enfants.
Elle y serait demain matin et me demandait de venir l'y rejoindre.
        - Monsieur...
Le concierge me lança de nouveau son sourire de connivence.
        - Si vous êtes seul à Paris...
Il me glissait dans la main la carte rouge qu'il m'avait donnée l'autre soir.
        _ Tout est possible avec ça... N'importe lequel de vos désirs
        peut être exaucé... Il suffit de téléphoner...»

/ a l a ʀ e s ɛ p s j ɔ̃ d ə l o t ɛ l   l ə k ɔ̃ s j ɛ ʀ ʒ   m a t ɑ̃ d y
y n ɑ̃ v l ɔ p b l ø // s e t e t ɛ̃ m e s a ʒ   d ə m a f a m   k j a v ɛ
t e l e f o n e   d ɑ̃ l a p ʀ ɛ m i d i //
ɛ l a v ɛ d e s i d e   d ə p a ʀ t i ʀ   p l y t o k ə p ʀ e v y
p u ʀ * k l ɔ s t ɛ ʀ   a v ɛ k l e z ɑ̃ f ɑ̃ // ɛ l i s ə ʀ ɛ   d ə m ɛ̃ m a t ɛ̃
e m ə d ə m ɑ̃ d ɛ   d ə v ə n i ʀ l i ʀ ə ʒ w ɛ̃ d ʀ //
m ə s j ø // l ə k ɔ̃ s j ɛ ʀ ʒ   m ə l ɑ̃ s a d ə n u v o   s ɔ̃ s u ʀ i ʀ
d ə k o n i v ɑ̃ s // s i v u z ɛ t s œ l   a * p a ʀ i // i l m ə g l i s ɛ
d ɑ̃ l a m ɛ̃   l a k a ʀ t ə ʀ u ʒ   k i l m a v ɛ d o n e ·
l o t ʀ ə s w a ʀ // t u t e p o s i b l a v ɛ k s a   n ɛ̃ p ɔ ʀ t l ə k ɛ l d ə
v o d e z i ʀ   p ø t ɛ t ʀ ɛ g z o s e // i l s y f i   d ə t e l e f o n e //

- ## Les voyelles à 2 timbres /e, ɛ/, /ø, œ/ et /o, ɔ/

La bouteille d'encre - M. Carême

/dynbutɛjdɑ̃kʀ	D'une bouteille d'encre,
ɔ̃pøtuʀətiʀe	On peut tout retirer :
lənaviʀavɛklɑ̃kʀ	La navire avec l'ancre,
laʃevʀavɛkləpʀe	La chèvre avec le pré,
latuʀavɛklaʀɛn	La tour avec la reine,
labʀɑ̃ʃavɛklwazo	La branche avec l'oiseau,
lɛsklavavɛklaʃen	L'esclave avec la chaîne,
luʀsavɛklɛskimo	L'ours avec l'esquimau.
dynbutɛjdɑ̃kʀ	D'une bouteille d'encre,
ɔ̃pøtuʀətiʀe	On peut tout retirer,
silɔ̃nɛpazɛ̃kɑ̃kʀ	Si l'on est pas un cancre
ekɔ̃sɛdesine/	Et qu'on sait dessiner.

Transcrivez ou complétez les oppositions suivantes:

Voyelles fermées	*Voyelles ouvertes*
- un pot	- un port
/ɛ̃ p o /	/ɛ̃ p ɔ ʀ /
- ceux qui transposent	- celles qui rejettent
/s ø k i t ʀ ɑ̃ s p o z /	/s ɛ l k i ʀ ə ʒ ɛ t /

- un premier jeu   - la première heure
/ɛ̃ p ʀ ə m j e ʒ ø /   /l a p ʀ ə m j ɛ ʀ œ ʀ /
- ils sont des vôtres   - votre belle soeur
/i l s ɔ̃ d e v o t ʀ /   /v ɔ t ʀ ə b ɛ l s œ ʀ /
- l'été, les lacs sont desséchés - en effet, leurs projets étaient parfaits
/l e t e l e l a k s ɔ̃ d e s e ʃ e / /ɑ̃ n e f ɛ   l œ ʀ p ʀ o ʒ ɛ   e t ɛ p a ʀ f ɛ/

Transcrivez ou complétez les transcriptions suivantes:

- C'était l'automne.
/s e t ɛ l o t ɔ n /
- Ma soeur et mon frère sont jumeaux.
/m a s œ ʀ e s ɔ̃ f ʀ ɛ ʀ   s ɔ̃ ʒ y m o /
- Je suis heureuse de faire votre connaissance.
/ʒ ə s ɥ i z ø ʀ ø z   d ə f ɛ ʀ v ɔ t ʀ ə k o n e s ɑ̃ s /
- Elle veut rester neutre dans cette affaire.
/ɛ l v ø ʀ ɛ s t e n ø t ʀ   d ɑ̃ s ɛ t a f ɛ ʀ /
- Le symbole de la gauche en France est une fleur : la rose.
/l ə s ɛ̃ b ɔ l d ə l a g o ʃ   ɑ̃ f ʀ ɑ̃ s   ɛ t y n f l œ ʀ   l a ʀ o z/
- Ma secrétaire est une personne pleine de gaité qui vous redonne du baume au coeur lorsque vous en manquez.
/m a s ə k ʀ e t e ʀ   ɛ t y n p ɛ ʀ s ɔ n   p l ɛ n d ə g e t e
    k i v u ʀ ə d ɔ n   d y b o m o k œ ʀ   l ɔ ʀ s k ə v u z ɑ̃ m ɑ̃ k e/

·   **le /ə/ caduc**

Lisez à voix haute les phrases suivantes, délimitez d'une barre (/) les groupes rythmiques puis soulignez le /ə/ lorsqu'il est préférable de le prononcer ou barrez-le si on peut le faire tomber.

- Si seul~~e~~ment / ell~~e~~ pouvait rev~~e~~nir (ou r<u>e</u>venir) / sur sa décision!//
- L<u>e</u> gouvern<u>e</u>ment conservateur / va s~~e~~ réunir / avec l<u>e</u> parti d~~e~~ l'opposition.//
- C<u>e</u> handicap / n'est pas insurmontabl~~e~~.// Regardez (ou R~~e~~gardez) l'av~~e~~nir / avec optimism~~e~~!//
- Vendr<u>e</u>di soir, / mon pèr~~e~~ et ma mèr~~e~~ / regard~~e~~ront (ou r~~e~~gard~~e~~rons) certain~~e~~ment / les nouvell~~e~~s.
- Qu<u>e</u> d~~e~~viendrons-nous / si ceux qui part~~e~~nt / r<u>e</u>fus~~e~~nt de r~~e~~connaîtr<u>e</u> leur responsabilité / dans l'affair~~e~~?

Transcrivez les mots ou petites phrases suivantes:

- facilement   /fasilmɑ̃/
- dangereusement   /dɑ̃ʒʀøzmɑ̃/

- heureusement   /øRøzmã/
- finalement   /finalmã/
- Je ne veux pas le recevoir /ʒənvøpalRəsəvwaR/

- Que je dise "jeu" ou "je", je ne veux nullement dire la même chose
/kəʒdiz ʒø u ʒə ʒənvønylmã diRlamɛmʃoz/
- Mercredi, je lui demanderai de venir avec ses deux filles.
/mɛRkRədi ʒlμidmãdRe dvəniRavɛksedøfij/

5. EXERCICES DE TRANSCRIPTION PHONÉTIQUE

1. Lisez à haute voix la transcription suivante et récrivez le texte en orthographe traditionnelle:

Quartier perdu - P. Modiano (extrait)

/vɛRsɛ̃kœRdəlapRemidi   ʒəsμisɔRtidlotɛl   lədosjesulbRa//
laʃalœR   etetosiluRd   kəlavɛj   meʒavɛly   dãlʒuRnal
kəlaplμi   tɔ̃bRednuvo   ãfɛ̃dswaRe   esɛtpɛRspɛktiv
məRekɔ̃fɔRtɛ// sulezaRkad   ʒəmsμidmãde   puRkwaʒavɛdeside
dabiteɛ̃notɛl   dlaRy*kastiglijɔn// siʒiRefleʃisɛbjɛ̃   laRezɔ̃ãnetɛsɛ̃pl
ʒəkRepetã   dRətRuve*paRi   kəʒavɛʃwazi   lãdRwaləplynøtRəposibl
ynzonfRãʃ   ynsɔRtədə   kɔ̃sesjɔ̃ɛ̃tɛRnasjonal   uʒənRiskɛpa
dãtãdRəpaRlefRãsɛ   euʒənsRe   kɛ̃tuRistəpaRmidotRətuRist//

«Vers cinq heures de l'après-midi, je suis sorti de l'hôtel, le dossier sous le bras. La chaleur était aussi lourde que la veille, mais j'avais lu dans le journal que la pluie tomberait de nouveau en fin de soirée et cette perspective me réconfortait.

Sous les arcades, je me suis demandé pourquoi j'avais décidé d'habiter un hôtel de la rue Castiglione. Si j'y réfléchissais bien, la raison en était simple: je craignais tant de retrouver Paris, que j'avais choisi l'endroit le plus neutre possible, une zone franche, une sorte de concession internationale où je ne risquais pas d'entendre parler français et où je ne serais qu'un touriste parmi d'autres touristes.»

2. Transcrivez le texte suivant. Séparez les groupes rythmiques d'un espace et faites attention aux liaisons, enchaînements et à l'utilisation du /ə/ caduc. Rappelez-vous que plus le style est soigné et formel, plus on prononce de liaisons.

La symphonie pastorale - A. Gide (extrait)

«La neige est tombée encore abondamment cette nuit. Les enfants sont ravis parce que bientôt, disent-ils, on sera forcé de sortir par les fenêtres. Le fait est que ce matin la porte est bloquée et que l'on ne peut sortir que par la buanderie. Hier, je m'étais assuré que le village avait des provisions en suffisance, car nous allons sans doute demeurer quelque temps isolés du reste de l'humanité. Ce n'est pas le premier hiver que la neige nous bloque, mais je ne me souviens pas d'avoir jamais vu son empêchement si épais.»

/lanɛʒ ɛtɔ̃be ɑ̃kɔRabɔ̃damɑ̃ sɛtnɥi // lezɑ̃fɑ̃ sɔ̃Ravi
paRskəbjɛ̃to diztil ɔ̃sRafɔRse dsɔRtiR paRlefnɛtR// ləfɛtɛ
kəsmatɛ̃ lapɔRtɛbloke eklɔ̃npøsɔRtiR kəpaRlabɥɑ̃dRi// jɛR
ʒmetɛzasyRe kləvilaʒ avɛdepRovizjɔ̃ ɑ̃syfizɑ̃s kaRnuzalɔ̃sɑ̃dut
dəmøRekɛlkətɑ̃ izoledyRestədəlymanite// snɛpalpRəmjɛRivɛR
kəlanɛʒ nublɔk mɛʒənməsuvjɛ̃pa davwaRʒamɛvy
sɔ̃nɑ̃pɛʃmɑ̃siepɛ//

3. Transcrivez le poème suivant. Attention aux liaisons et aux enchaînements et rappelez-vous que plus le style est soigné et formel, plus on prononce de liaisons:

Être ange - J. Prévert

Être ange	/etRɑ̃ʒ
C'est étrange	sɛtetRɑ̃ʒ
Dit l'ange	dilɑ̃ʒ
Être âne	ɛtRan
C'est étrane	sɛtetRan
Dit l'âne	dilan
Cela ne veut rien dire	səlanvøRjɛ̃diR
Dit l'ange en haussant les ailes	dilɑ̃ʒɑ̃osɑ̃lezɛl
Pourtant	puRtɑ̃
Si étrange veut dire quelque chose	sietRɑ̃ʒvødiRkɛlkəʃoz
Étrâne est plus étrange qu'étrange	etranɛplyzetRɑ̃ʒketRɑ̃ʒ
Dit l'âne	dilan
Étrange est	etRɑ̃ʒɛ
Dit l'ange en tapant des pieds	dilɑ̃ʒɑ̃tapɑ̃depje
Étranger vous-même	etRɑ̃ʒevumɛm
Dit l'âne	dilan
Et il s'envole.	eilsɑ̃vɔl

4. Lisez à voix haute le poème suivant et récrivez-le en orthographe traditionnelle:

Le lac endormi - J. Supervielle

/ɛ̃sapɛ̃ lanɥi	Un sapin, la nuit,
kɑ̃nylnələvwa	Quand nul ne le voit

dəvjɛ̃tynbaʀk	Devient une barque
sɑ̃ʀam nibʀa//	Sans rames ni bras.
ɔ̃nɑ̃tɑ̃paʀfwa	On entend parfois
kɛlkəklapoti	Quelques clapotis,
elosefaʀuʃ	Et l'eau s'effarouche
tutotuʀdəlɥi/	Tout autour de lui.

5. Transcrivez le poème suivant. Attention aux liaisons et enchaînements et rappelez-vous que plus le style est soigné et formel, plus on prononce de liaisons :

Comptine - J. Tardieu

J'avais une vache	/ʒavɛzynvaʃ
Elle est au salon	ɛlɛtosalɔ̃
J'avais une rose	ʒavɛzynʀoz
Elle est en chemise	ɛlɛtɑ̃ʃmiz
Et en pantalon	eɑ̃pɑ̃talɔ̃
J'avais un cheval	ʒavɛzɛ̃ʃval
Il cuit dans la soupe	ilkɥidɑ̃lasup
Dans le court-bouillon	dɑ̃lkuʀbujɔ̃
J'avais une lampe	ʒavɛzynlɑ̃p
Le ciel me l'a prise	ləsjɛlməlapʀiz
Pour les nuits sans lune	puʀlenɥisɑ̃lyn
J'avais un soleil	ʒavɛzɛ̃solɛj
Il n'a plus de feu	ilnaplydfø
Je n'y vois plus goutte	ʒnivwɑplygut
Je cherche ma route	ʒəʃɛʀʃəmaʀut
Comme un malheureux	kɔmɛ̃maløʀø/

6. Transcrivez le texte suivant. Séparez les groupes rythmiques d'un espace et faites attention aux liaisons, enchaînements et à l'utilisation du /ə/ caduc. Rappelez-vous que plus le style est soigné et formel, plus on prononce de liaisons.

Quartier perdu - P. Modiano (extrait)

«A l'aube, elle a fini par s'endormir. Elle avait voulu que je laisse allumée la lampe de chevet. Sa joue était appuyée sur l'oreiller, son bras gauche replié, et de la main elle serrait son épaule, dans un geste de protection. Je l'ai regardée longtemps, pour ne pas oublier son visage. Une fille d'une vingtaine

d'années. Taille moyenne. Brune. Odeur de lavande. Jusqu'à présent, elle n'a
pas pu être identifiée.
    J'ai éteint la lampe. Mes chaussures à la main, je me suis glissé sur la pointe
des pieds hors de la chambre. J'ai refermé la porte doucement derrière moi, et
dans le couloir, j'ai lacé mes chaussures.»

/alob   ɛlafini   paʀsãdɔʀmiʀ// ɛlavɛvuly   kəʒlɛsalyme   lalãpdəʃvɛ//
saʒugoʃ   etɛtapɥije   syʀloʀeje   sɔ̃bʀagoʃʀəplije   edlamɛ̃   ɛlseʀe
sɔ̃nepol   dãzɛ̃ʒɛstədəpʀotɛksjɔ̃// ʒleʀgaʀdelɔ̃tã   puʀnəpazublije
sɔ̃vizaʒ// ynʒœnfij   dynvɛ̃tɛndane// tajmwajɛn// bʀyn// ʒyskapʀezã
ɛlnapapyɛtʀidãtifje// ʒeetɛ̃lalãp// meʃosyʀalamɛ̃   ʒməsɥiglise
syʀlapwɛ̃tdepje   ɔʀdəlaʃãbʀ// ʒeʀfeʀmelapɔʀt   dusmãdeʀjɛʀmwa
edãlkulwaʀ   ʒelasemeʃosyʀ//

VI. Bibliographie

Quelques ouvrages pour en savoir plus:

Delattre, P., 1951, *Principes de phonétique française à l'usage des étudiants anglo-américains*, École française d'été, Middlebury College, 2° édition

Faure, G., Di Cristo, A., 1973, *Phonétique générale et descriptive du français: manuel à l'usage des Anglophones*, Ann Arbor, Michigan

Léon, P., *Phonétisme et prononciation du français*, 1992, Nathan

Léon, M., Léon, P., 1979, *Introduction à la phonétique corrective*, Hachette / Larousse, 2° édition

Malmberg, B., 1976, *Phonétique française*, LiberLäromedel Malmö, 5° édition

Valdman, A., 1993, *Bien entendu! Introduction à la prononciation française*, Prentice Hall

Wioland, F., 1991, *Prononcer les mots du français*, Collection autoformation, Hachette FLE

Copyright Acknowledgments